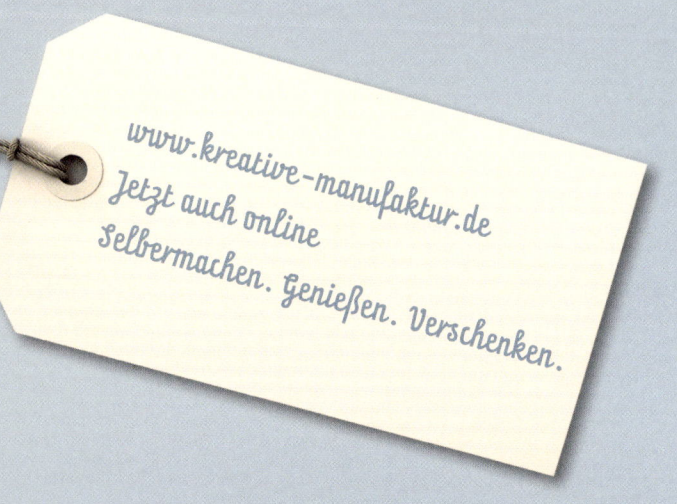

www.kreative-manufaktur.de
Jetzt auch online
Selbermachen. Genießen. Verschenken.

Selbermachen. Genießen. Verschenken.

Wärmende Wintergenüsse aus der kreativen Manufaktur sind schöne Geschenke und Mitbringsel: mit Sorgfalt hergestellt, mit Liebe verpackt.

Anne Iburg • Alexandra Renke

LECKERES AUS DER WINTERKÜCHE
Herzhafte Genüsse kreativ verpackt

Inhalt

Wärmende Genüsse

Der Winter ist die ideale Jahreszeit, um sich für das Kochen und das anschließende Verpacken der Köstlichkeiten gemütlich Zeit zu nehmen. Rezepte für verschiedene Anlässe haben wir für Sie zusammengestellt: Deftige Brotaufstriche, Beilagen zum Festessen, kleine Snacks und Kochen mit Wintergemüse. Die Gerichte schmecken nicht nur lecker, sondern wärmen auch von innen – genau das Richtige für die kalte Jahreszeit also.

Die Klassiker einer winterlichen Rezeptesammlung dürfen natürlich nicht fehlen. Aber jedes Gericht bekommt seinen besonderen Pfiff, der sofort dazu anregt, diese neue Kombination auszuprobieren. Der Rotkohl wird nicht wie üblich mit Äpfeln verfeinert, sondern mit Orangen, das Schmalz bekommt Biss durch Walnüsse und Kürbiskerne. Haben Sie schon einmal Rosenkohl mit Cranberries gegessen? Probieren Sie es doch gleich einmal aus!

Die Vielfalt der Genüsse spiegelt sich auch im Ideenreichtum der kreativen Verpackungen für die Gerichte wider. Von ganz schnell gemacht bis etwas aufwendiger finden Sie raffinierte Schachteln, festliche Verzierungen für Einmachgläser oder fröhlich-bunte Tütenkreationen.

Viel Spaß sowohl beim Kochen und Genießen als auch beim kreativen Verpacken und Verschenken der Köstlichkeiten aus der Winterküche!

Deftiges aufs Brot

Herzhafte Brotaufstriche wie scharfe Paprikabutter oder Wildschwein-Rillettes auf frischem Roggenbrot oder knusprigem Baguette sind eine wahre Gaumenfreude – die in dieser Kombination auch besonders gut als selbst gemachtes Geschenk aus der eigenen Küche ankommen.

Wenn Sie sich einen kleinen Vorrat angelegt haben, machen kleine Leckereien wie der Möhren-Parmesan-Aufstrich oder die Paprikabutter ein einfaches Abendessen im Handumdrehen zu einem besonderen Genuss – und bringen neben dem Geschmackserlebnis zusätzlich Farbe auf den Tisch!

Schmalz mit Biss cremig und knackig

Schneiden Sie den Speck in etwa 1 cm große Würfel. Diese in eine breite Pfanne geben und bei schwacher Hitze auslassen. Dann bei mittlerer Hitze etwa 1 Stunde weiter auslassen und gelegentlich umrühren. Dieser Prozess braucht seine Zeit und sollte nicht durch zu hohe Hitze beschleunigt werden, sonst verbrennt das Fett und es schmeckt ranzig und bitter. Das Fett durch ein feines Metallhaarsieb gießen und dabei Eiweißreste auffangen.

Inzwischen die Zwiebel schälen und fein hacken, dann Walnüsse und Kürbiskerne grob hacken. Dünsten Sie die Zwiebeln im Restfett der Pfanne glasig, würzen Sie mit Majoran, Salz sowie Pfeffer und fügen Sie das flüssige Schmalz hinzu. Gehackte Walnüsse und Kürbiskerne dazugeben.

Mithilfe eines Löffels das heiße, flüssige Schmalz in die heiß ausgespülten und trockenen Gläser abfüllen und mit dem Schraubdeckel verschließen. Stellen Sie die lauwarmen Gläser zum vollständigen Abkühlen auf den Kopf.

Das Schmalz ist im Kühlschrank etwa 6 Monate haltbar.

Tipp: Die Nüsse, Zwiebeln und Kerne sinken aufgrund der Schwerkraft nach unten. Für eine möglichst lange Haltbarkeit ist dies auch gut so. Drücken Sie deshalb lieber nicht noch weitere Nüsse ins lauwarme und halbfeste Schmalz.

Die Verpackungsidee für das Schmalz finden Sie auf Seite 14/15.

Zutaten für 3 Gläser mit Schraubverschluss à 167 ml

600 g grüner Speck
2 Zwiebeln
½ TL gerebelter Majoran
Salz, Pfeffer
4 EL Walnusskerne
2 EL Kürbiskerne

90 Min. Zubereitung

Winterlicher Gläserschmuck für das Schmalz mit Biss

Material

Gläser mit Schraub-
verschluss
Motivbordüren „Vögel"
in Grau, Weiß und
Transparent
unterschiedliche
Webbänder in Grau
transparentes
Fotoschutzpapier in Weiß
evtl. festes Transparent-
papier in Weiß
evtl. Anhänger mit
Vogelstanzung
Ösen in Silber
Ösenwerkzeug
Lochzange
Sprühkleber
doppelseitiges Klebeband
evtl. Klebeknete

Vorlagen Seite 102

Kleben Sie zunächst die Motivbordüre um die Gläser. Schneiden Sie sie ggf. vorher auf die passende Länge zurecht. Die Gestaltung kann variiert werden: Sie können anstatt einer einzelnen Bordüre eine transparente über eine graue Bordüre kleben oder zwei unterschiedlich farbige transparente Bordüren übereinander. Beachten Sie dabei, dass die transparente Bordüre nur an Stellen angeklebt werden sollte, die sich später auf der Rückseite des Glases befinden oder vom Band verdeckt werden. Denn Klebstoff jeder Art schlägt bei Transparentpapier durch.

Zum Schluss werden die Webbänder um die Gläser gelegt und mit doppelseitigem Klebeband befestigt. Hübsch sieht es aus, wenn Sie die Umrisse der Vogelmotive an einige Stellen aufschneiden, sodass Sie das Band unter die Motive schieben können.

Wenn Sie wollen, können Sie zusätzlich den Schraubdeckel verzieren. Schneiden Sie dazu einen Kreis aus transparentem Fotoschutzpapier zu, der etwas größer als der Deckel ist. Kleben Sie den Kreis mit Sprühkleber auf und biegen Sie die Ränder auf die Deckelrückseite.

Tipp: Wenn Sie zwei Gläser verschenken wollen, können Sie beide Gläser übereinanderstellen, mit etwas Klebeknete und einem Band zusammenhalten und das Ganze mit einem hübschen Anhänger versehen.

Wildschwein-Rillettes
Französischer Brotaufstrich

Den Speck bzw. Bauchspeck eventuell von der Schwarte befreien und in Würfel schneiden. Den Wildschweinnacken ebenfalls würfeln. Ziehen Sie die Zwiebeln ab und schneiden Sie sie in Spalten. Den Knoblauch abziehen und in Scheiben schneiden.

Das klein geschnittene Fleisch, den Speck, die Zwiebeln und den Knoblauch in einen Topf geben und anbraten. Kräuter, Salz und Pfeffer hinzufügen und etwa 100 ml Wasser angießen. Das Ganze bei niedriger Temperatur zugedeckt etwa 3 Stunden köcheln lassen, ab und zu umrühren.

Wenn das Fleisch so weich ist, dass es sich mit einer Gabel leicht zerfasern lässt, nehmen Sie die Lorbeerblätter und Thymianzweige heraus. Die Fleischstücke mit einer Gabel zerfasern. Das Ganze noch einmal erhitzen, Calvados hineinrühren, pfeffern und sofort in die heiß ausgespülten und trockenen Gläser abfüllen. Etwas flüssiges Fett im Topf zurückhalten. Alles erkalten lassen. Wenn das Rillettes fest geworden ist, erwärmen Sie das zurückbehaltene Fett und bilden damit eine Abschlussschicht. Zum Schluss das Glas fest verschließen.

Das Wildschwein-Rillettes ist im verschlossenen Glas im Kühlschrank etwa 3 Monate haltbar.

Tipp: Streichen Sie das Rillettes auf Roggenbrot. Falls Sie nicht an Wildschwein kommen, schmeckt es auch mit Hausschwein. Lassen Sie sich für dieses Gericht aber nicht zu Bauchspeck und Speck vom Wild überreden. Dieses ist in der Regel zu mager und kann außerdem ungut bitter-herb schmecken.

Die Verpackungsidee zum Wildschwein-Rillettes finden Sie auf Seite 18/19.

Zutaten für 4 Weckgläser à 250 ml

700 g grüner Speck
300 g Wildschwein-nacken
500 g roher Bauchspeck
2 Zwiebeln
2 Knoblauchzehen
3 Lorbeerblätter
6 Zweige Thymian
1 EL Salz
schwarzer Pfeffer aus der Mühle
60 ml Calvados

4 Std. Zubereitung

Rustikale Verpackung für das Rillettes

Material

Kraftpapier
Stempel „Wildschwein"
Stempelfarbe in Weiß
Stift in Schwarz
Scrapbookpapier in Blau
und Rot gemustert
alte Buchseiten
evtl. Stanzmotive
„Wildschwein"
Cutter
Naturbast
Acrylmotive „Wildschwein"
evtl. Transparentpapier
in Weiß

Vorlage Seite 102

Schneiden Sie das Kraftpapier passend zum Innendurchmesser des Deckels kreisförmig zu, stempeln Sie das Motiv auf und heben Sie das Auge mit einem schwarzen Stift hervor. Am schönsten werden Stempelmotive, wenn man den Stempel mit dem Motiv nach oben in der linken Hand hält und ihn dann gleichmäßig mit einem Stempelkissen betupft. Wenn zu viel Druck ausgeübt wird, verteilt sich die Stempelfarbe nicht auf der Motivzeichnung, sondern läuft in die Zwischenräume. Das Ergebnis wäre dann ein unsauberer Stempelabdruck.

Kleben Sie das bestempelte Kraftpapier auf den Deckel. Anschließend werden die Motive aus Scrapbookpapier und alten Buchseiten gestanzt oder mit einem Cutter ausgeschnitten und aufgeklebt – am besten mit doppelseitigem Klebeband. Den Naturbast mehrmals um das Glas legen und zubinden. Wer möchte, kann zusätzlich kleine Acrylschweine mit einbinden.

Tipp: Sie können das Glas auch mit einem passend zugeschnittenen Transparentpapierstreifen in Weiß umkleben und erst dann die Motive aufkleben. So wird das Glas undurchsichtig.

Scharfe Paprikabutter
lecker zum Raclette

Die Paprikaschote putzen, waschen und in sehr feine Würfel schneiden. Die Chilischote halbieren, Scheidewände und Kerne entfernen, waschen und ebenfalls in winzige Würfel schneiden.

Dünsten Sie die Paprikawürfel in 2–3 EL Wasser in einem kleinen Topf etwa 30 Sekunden lang an. Danach über einem Sieb abgießen und gut abtropfen lassen. Paprika- und Chilistückchen zusammen mit dem Tomatenmark mit einer Gabel unter die weiche Butter rühren. Würzen Sie mit Salz, Paprikapulver und Zucker. Abschließend wird die Butter in die gewünschte Form gebracht und verpackt.

Die Paprikabutter hält sich im Kühlschrank etwa 1 Woche.

Die Verpackungsidee für die Paprikabutter finden Sie auf Seite 24/25.

Zutaten für 4 Personen

½ gelbe Paprikaschote
1 rote Chilischote
125 g zimmerwarme Butter
1 EL Tomatenmark
etwas Salz
etwas Paprikapulver, edelsüß
1 Prise Zucker

25 Min. Zubereitung

Kleine Schälchen für die Paprikabutter

Übertragen Sie zunächst die Motive auf das farbige Transparentpapier und schneiden Sie sie aus. Dann die Motive zwischen zwei Lagen Folie legen und mithilfe des Laminiergerätes zusammenschweißen. Schneiden Sie die Folie auf die Größe des Aluschalendeckels zu. Achten Sie dabei darauf, dass die Zeichen und Buchstaben am unteren und einem seitlichen Rand etwas beschnitten werden.

Nun fehlt nur noch die Verzierung: Fädeln Sie die Kordel durch die Acrylmotive, verknoten Sie sie und schneiden Sie die Enden ggf. zurück. Dann die Kordel mit einem Stück Masking Tape auf den Deckel kleben. Einen lustigen Effekt erzielen Sie, wenn Sie ein Masking Tape verwenden, auf dem Sicherheitsnadeln abgebildet sind. Nun muss der Deckel nur noch auf die zuvor befüllte Schale gelegt und der Rand der Schale umgebogen werden.

Tipps: Wenn Sie kein Laminiergerät besitzen, können Sie auch einfach eine Windradfolie verwenden und das Motiv auf die Oberseite kleben.

Ganz Eilige können einfach die Schale verschließen, ein passend gefaltetes Geschirrtuch und ein Buttermesser aus Holz obendrauf legen und das Ganze mit Bändern und Naturbast befestigen.

Manche Laminierfolien wellen sich, wenn kein durchgängiges Blatt zwischen den Laminierfolien liegt. Alternativ drucken Sie das Motiv auf bedruckbares, festes Transparentpapier. Der nicht bedruckte Teil wirkt dann wie satiniertes Glas.

Material

Aluschalen
Laminierfolie in Transparent
Laminiergerät
festes Transparentpapier in Taubenblau und Grau
dünne Kordel in Weiß
Masking Tape
Acrylmotive
Geschirrtuch in Türkis-Weiß gemustert
Buttermesser aus Holz
Schleifen- und Samtband in Türkis, 1 cm breit
Naturbast

Vorlage Seite 103

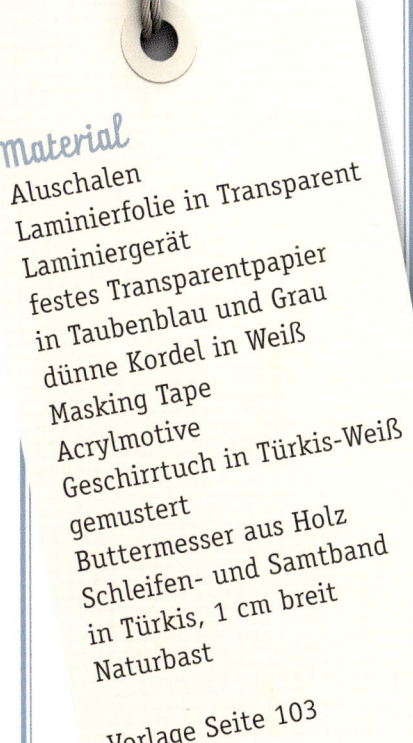

Möhren-Parmesan-Aufstrich
fruchtig und würzig

Die Zwiebel abziehen und fein hacken. Vermengen Sie die Zwiebel-stückchen mit dem Zitronensaft und etwas Salz und lassen Sie die Mischung etwa 30 Minuten lang ziehen. Inzwischen die Möhren waschen, putzen und fein würfeln.

Die Zwiebeln auf einem Sieb abtropfen lassen, dabei den Saft auffangen. Dünsten Sie in einem Topf die Zwiebeln in Öl an. Die Möhren hinzufügen und etwa 5 Minuten lang weiterdünsten. Nun den Martini und den aufgefangenen Saft dazugeben. Mit Zucker, Salz und Oregano abschmecken.

Den Aufstrich bei mittlerer Hitze etwa 20 Minuten lang köcheln lassen und dann pürieren und nun den Parmesan unterrühren. Die heiße Masse in heiß ausgespülte Gläser abfüllen und sofort mit dem Schraubdeckel verschließen. Lassen Sie die Gläser auf den Kopf gestellt auskühlen.

Der Möhren-Parmesan-Aufstrich hält sich im geschlossenen Glas etwa 6 Monate lang.

Die Verpackungsidee für den Möhren-Parmesan-Aufstrich finden Sie auf Seite 28/29.

Zutaten für 5 Gläser mit Schraubverschluss à 200 ml

500 g Zwiebeln
Saft von 3 Zitronen
600 g Möhren
6 EL Olivenöl
1 TL Salz
1 EL Zucker
1 EL gerebelter Oregano
100 ml Martini
50 g frisch geriebener Parmesankäse

45 Min. Zubereitung

Hübsche Leinensäckchen für den Möhren-Aufstrich

Material
dünner Leinenstoff in Natur, 12 cm x 29 cm
Stempel mit Küchenzitaten
Stempelfarbe in Rot oder Schwarz
Nähmaschine (am besten Overlock)
Nähgarn in Schwarz oder Rot
Kordel in Grau
Webband in Natur-Rot
Stoffknöpfe mit Küchenmotiven, ca. ø 3 cm
Webband mit Küchenmotiven in Weiß und Natur, 2 cm breit
Öse in Messing
Ösenwerkzeug

Schneiden Sie den Stoff auf die angegebenen Maße zu. Die kurzen Enden werden etwas ausgefranst. Stempeln Sie auf eine Seite des Säckchens mittig das Motiv bzw. die Schriftzüge. Am besten wählen Sie die Farbe passend zum Nähgarn.

Legen Sie den Stoff nun doppelt (bei Stoffen mit einer weniger schönen Rückseite links auf links) und nähen Sie die Seiten mit der Overlock-Nähmaschine zu. Alternativ kann der Stoff rechts auf rechts gelegt und seitlich mit einer normalen Nähmaschine zugenäht werden. Das Säckchen wird dann gewendet und gebügelt.

Nun fehlt noch das kleine Stoffbanner. Dazu wird einfach ein Webband doppelt gelegt und mit einer Öse zusammengehalten, sodass eine kleine Schlaufe entsteht. Durch diese Schlaufe das Band ziehen, mit dem das Säckchen verschlossen wird. Zusätzlich zum Webband noch einen Stoffknopf auffädeln. Stellen Sie nun das Glas in das Säckchen und verschließen Sie es.

Leckeres zum Festessen

Verwöhnen Sie Ihre Lieben beim Festessen mit raffinierten Vorspeisen oder Beilagen aus der Winterküche. Oder Sie bringen zu einer Einladung die festlichen Genüsse in außergewöhnlichen Geschenkverpackungen mit. Am besten machen Sie beides!

Winterküche mit Pfiff: Rotkohl zum Beispiel wird durch die Verbindung mit saftig-süßen Orangen noch schmackhafter – und als Geschenk kommt das Glas mit feinem Schürzen-Etikett sicher besonders gut an. Oder überraschen Sie liebe Menschen mit einem Feigenchutney.

Fischterrine
lecker als Vorspeise

Die Garnelen in Olivenöl anbraten, salzen und pfeffern. Falls die Garnelen noch Schalenanteile haben, pulen und dann abkühlen lassen. Crème fraîche, den in Streifen geschnittenen geräucherten Lachs und die angebratenen, gepulten Garnelen in einen Mixer geben und zu einer Farce pürieren.

Trennen Sie die Eier und schlagen Sie das Eiweiß steif. Die Eigelbe unter die Lachs-Garnelen-Farce rühren und kräftig mit Salz, Pfeffer, Cayennepfeffer und Cognac abschmecken. Den Eischnee unterheben.

Eine Terrinenform mit Öl einpinseln und die Masse einfüllen. Verschließen Sie die Form entweder mit einem Deckel, wenn vorhanden, oder mit hitzebeständiger Folie, z. B. mit einem zurechtgeschnittenen Bratenofenschlauch. Wasser in eine Fettpfanne füllen, die Terrinenform in das Wasserbad setzen und im vorgeheizten Backofen etwa 1 Stunde garen. Die gestockte Fischterrine aus dem Ofen nehmen, abkühlen lassen und über Nacht kalt stellen.

Die Fischterrine sollte am Tag nach der Zubereitung verzehrt werden. Dazu passt Feldsalat. Im Kühlschrank ist sie noch 1 weiteren Tag lagerbar.

Tipp: Sie können auch Portionsförmchen verwenden. Dann verkürzt sich die Garzeit je nach Größe der Förmchen um 15 bis 30 Minuten.

Die Verpackungsidee für die Fischterrine finden Sie auf Seite 36/37.

Zutaten für 4 Personen

150 g aufgetaute Garnelen
1 EL Olivenöl
100 g geräucherter Lachs
200 g Crème fraîche
2 Eier
Salz
weißer Pfeffer
1 Msp. Cayennepfeffer
2 EL Cognac
Öl zum Einpinseln

40 Min. Zubereitung
1 Std. Garzeit

Edle Steinguttöpfe
für die Fischterrine

Material

kleine Terrinenformen in Weiß
Schleifenband in Petrol
ausgestanzte Papierschneeflocken
evtl. Tonpapier in Weiß und Motivlocher „Schneeflocke"
doppelseitiges Klebeband
Stanzmotive „Terrinenschüssel" und „Stern"
evtl. Stempel mit Winter- und Küchenmotiven
evtl. Stempelkissen in Petrol, Grau und Orange

Vorlage Seite 102

Für die Verzierung der Terrinenform legen Sie das Band doppelt, stülpen die entstandene Schlaufe über den Knauf des Deckels, führen das Band um die Form herum und verknoten es am Knauf. So ist die Terrinenform gut verschlossen. Nun werden noch die Bandenden in der passenden Länge schräg abgeschnitten.

Die Bänder können Sie zusätzlich mit kleinen Schneeflocken aus Papier verzieren. Diese können Sie fertig kaufen oder mit einem Motivlocher ausstanzen. Am besten kleben Sie die Schneeflocken mit doppelseitigem Klebeband auf. Flüssigkleber eignet sich nicht, da er unschöne Flecken auf dem Band hinterlässt.

Die kleinen dreidimensionalen Anhänger sind ganz einfach zu machen. Verwenden Sie entweder fertig zugeschnittene Motive oder schneiden Sie die Form fünf- oder siebenmal zu. Die einzelnen Motive werden in der Mitte gefaltet, sodass die farbige Seite nach innen zeigt. Kleben Sie nun die weißen Flächen aneinander, sodass ein „rundes" Objekt entsteht. Legen Sie für die Aufhängung eine Kordel ein, bevor Sie die letzten beiden Hälften zusammenkleben.

Tipp: Die ausgeschnittenen Formen können auch vorab mit Schrift-, Mistel- oder Terrinenmotiven in unterschiedlichen Farben bestempelt werden. Der Orangeton setzt als Schmuckfarbe einen hübschen Akzent.

Indische Reismischung
würzig und leicht nussig

Für die Trockenmischung geben Sie alle Zutaten in eine Schüssel und vermischen sie gut. Füllen Sie sie in einen mindestens ½ l fassenden Beutel.

Für die Zubereitung erhitzen Sie 2 EL Olivenöl in einem Topf. Geben Sie die Reismischung hinein und dünsten Sie sie unter Rühren glasig. ½ l Wasser hinzufügen, zum Kochen bringen und etwa 12 Minuten garen lassen.

Die trockene Reismischung ist etwa 12 Monate haltbar. Das zubereitete Reisgericht wird am besten sofort verzehrt. Es hält sich im Kühlschrank 1-2 Tage.

Tipps: Zum Verfeinern braten Sie zuvor 40 g Zwiebelwürfel und 2 fein gehackte Knoblauchzehen in Olivenöl an, bevor Sie die Reismischung dazugeben.

Erwärmen Sie etwa 450 g aufgetauten, gehackten Blattspinat und rühren Sie ihn am Schluss unter den Reis. 250 g in Würfel geschnittener Fetakäse, der zusätzlich hinzugefügt wird, geben Ihrem Reisgericht den besonderen Pfiff!

Die Verpackungsidee für die Reismischung finden Sie auf Seite 40/41.

Zutaten für 4 – 6 Personen

250 g parboiled Reis,
12 Minuten Kochzeit
80 g rote Linsen
20 g Kokosflocken
1 TL gerebelter Basilikum
1 TL Salz
1 TL Curry
1 TL gemahlenes Kurkuma
½ TL Kreuzkümmel
1 Lorbeerblatt

1 Min. Zubereitung für die Mischung
12 Min. Zubereitung für das Reisgericht

Raffinierte Schachteln
für die Reismischung

Übertragen Sie die Vorlage für die Schachtel auf den dunkelroten Foto-karton, schneiden Sie die Form aus, setzen Sie die markierten Einschnitte mithilfe eines Cutters und falzen Sie den Karton entlang der Faltlinien. Setzen Sie den Karton zusammen, indem Sie die Seitenteile nach innen klappen und die Laschen in die dafür vorgesehenen Schlitze stecken.

Übertragen Sie die Buchstaben auf weißen Fotokarton, schneiden Sie sie aus und bekleben Sie sie mit Masking Tape. Schlagen Sie die Bandenden nach hinten um. So sehen die Kanten sauber aus.

Jeder Buchstabe bekommt ein liebevolles Detail: Sie können zum Beispiel einen Halbkreis ausstanzen und darin eine kleine Schelle befestigen, die Sie mit Masking Tape auf der Rückseite festkleben. Alternativ wird schmales weißes Tape mit einem Text bestempelt. Kleben Sie die fertigen Buchstaben auf die Schalchtel.

Nun fehlt noch das Einwegbesteck. Das Besteck kann mit Masking Tape beklebt, bestempelt oder mit Kordel umwickelt und mit einer Schelle geschmückt werden. Sehr hübsch sieht es auch aus, wenn Sie gestanzte Buchstaben aus Papier mit einer schmalen Kordel an die Besteckgriffe binden.

Füllen Sie nun die Reismischung in die Zellophantüte und legen Sie sie wie abgebildet in die Schachtel. Die Buchstaben können Sie mit etwas doppelseitigem Klebeband auf der Schachtel befestigen. Das Besteck wird auf die Schachtel gelegt, kann aber auch unter die Blende der Schachtel geschoben werden.

Material

Fotokarton in Dunkelrot, A3
Fotokarton in Weiß
Masking Tape in verschie-denen Farben und Mustern
dünnes Masking Tape in Weiß
Einwegbesteck aus Holz
Kordel in Rot-Weiß
dünne Kordel in Weiß
Papierbuchstaben in verschiedenen Farben
kleine Schellen in Silber
Motivstanzer „Kreis", ca. ø 2,5 cm
verschiedene Textstempel
Stempelfarbe in Rot
Zellophantüten

Vorlage Seite 104

41

Orangen-Rotkohl
statt Apfel mal Orange

Den Rotkohl vierteln, vom Strunk befreien, putzen und in Streifen schneiden. Erhitzen Sie Butterschmalz in einem breiten Topf, fügen Sie den Rotkohl hinzu und gießen Sie den Rotwein an. Essig hinzufügen und schmoren lassen.

Inzwischen die Orangen schälen und filetieren, dabei den Saft auffangen. Saft und Orangenfilets zum Rotkohl geben und unterrühren. Salz und Zucker zugeben. Brechen Sie die Zimtstange einmal durch und geben Sie sie zusammen mit den Nelken und den Lorbeerblättern in einen Papierteebeutel, den Sie mit einer Büroklammer schließen und unter den Rotkohl heben. Den Rotkohl im geschlossenen Topf insgesamt 1 Stunde bei niedriger Temperatur schmoren lassen.

Füllen Sie den heißen Rotkohl in Weckgläser. Die in heißem Wasser erwärmten Gummiringe auf die Weckglasränder legen, die Deckel daraufsetzen und mit den Einmachklammern verschließen.
Am nächsten Tag die Klammern lösen. Die Deckel sollten dann fest auf den Gläsern sitzen.

Der Rotkohl ist im verschlossenen Weckglas etwa 3 Monate lang haltbar.

Die Verpackungsidee für den Orangen-Rotkohl finden Sie auf Seite 44/45.

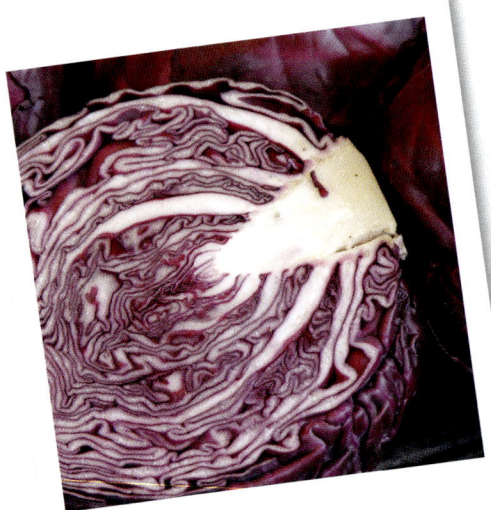

Zutaten
für 3 Gläser à 500 g

1 Rotkohl (1,6 kg)
40 g Butterschmalz
$\frac{1}{8}$ l Rotwein
4 EL Rotweinessig
2 Orangen
1 Stange Zimt
6–8 Gewürznelken
2 Lorbeerblätter
1 TL Salz
1 EL Zucker

75 Min. Zubereitung

Schürzen-Etiketten
für den Orangen-Rotkohl

Schneiden oder reißen Sie die Stoffe in passende Quadrate und binden Sie sie mithilfe des Schleifenbandes um die Deckel der gefüllten Gläser.

Die Schürzen können Sie als fertige Motivformen verwenden oder selbst zuschneiden. Hierzu können Sie unterschiedlich farbiges Papier verwenden, das Sie durch Bekleben mit alten Buchseiten oder durch das Bestempeln mit Typostempeln aufpeppen können. Zur Verzierung eine aus weißem Karton geschnittene Schürzentasche aufkleben und Ihr Etikett ist fertig.

Alternativ können Sie die Schürzen zweilagig arbeiten, indem Sie eine kleine auf eine etwas größere Schürzenform kleben. Einen sehr schönen Effekt erzielen Sie, wenn die größere Form aus farbigem Transparentpapier, die kleinere aus Motivpapier zugeschnitten wird. Teile der Ränder können hübsch mit einer Konturenschere bearbeitet werden.

Die fertigen Schürzen werden ggf. seitlich gelocht und mit Ösen versehen. Durch die Ösen wird von hinten ein Band gefädelt, mit dem die Schürze um das Glas gebunden wird. Am besten befestigen Sie die Schürze zusätzlich mit einem Gluespot, damit sie nicht verrutscht. Wenn Sie wollen, können Sie die Etiketten noch beschriften.

Tipp: Beiheftchen auf Zeitschriften werden mit Gluespots befestigt. Diese können Sie in einer Klarsichthülle aufbewahren.

Material
Stoffreste in Grau, Hellblau und Weiß
Etiketten in Schürzenform
evtl. Motivpapiere in Grau- und Blautönen
evtl. alte Buchseiten
evtl. Typostempel
evtl. Konturenschere
Schleifenbänder in Petrol, Weiß und Blau, 5 mm breit
Ösen in Messing
Ösenwerkzeug
Lochzange
Gluespots oder Klebeknete

Vorlage Seite 105

Feigen-Chutney
zu Fondue oder Käsebrot

Die Feigen waschen, trocken tupfen und achteln. Die Äpfel schälen, vom Kerngehäuse befreien und würfeln. Die Zwiebeln abziehen und fein hacken. Den Ingwer schälen und ebenfalls fein hacken.

Geben Sie alle vorbereiteten Zutaten zusammen mit dem Orangensaft in einen Topf und lassen Sie sie aufkochen. Den Rotwein und die Gewürze dazugeben und alles bei schwacher Hitze köcheln lassen, bis es leicht andickt. Rühren Sie dabei gelegentlich um. Den Gelierzucker zum Schluss unterrühren und das Ganze etwa 1 Minute lang sprudelnd kochen lassen.

Füllen Sie das heiße Chutney in zuvor heiß ausgespülte Gläser, die Sie sofort mit dem Schraubdeckel verschließen. Anschließend die Gläser auf den Kopf gestellt auskühlen lassen.

Das Feigen-Chutney ist im verschlossenen Glas etwa 2 Monate lang haltbar.

Die Verpackungsidee für das Feigen-Chutney finden Sie auf Seite 48/49.

Zutaten für 3 Gläser mit Schraubverschluss à 250 ml

6 Feigen
4 Äpfel, z. B. Boskop
2 rote Zwiebeln
30 g Ingwer
Saft von 2 Orangen
125 ml Rotwein
½ TL Zimt
¼ TL Macis
1 Msp. Gewürznelke
3 EL Gelierzucker 2:1

45 Min. Zubereitung

Gläser in Lila
für das Feigen-Chutney

Material

Bügelglas in Lila
Filzkordel in Weiß
Filzplatte in Grau
Tonkarton in Weiß
Kordel in Lila, Braun, Grau
4 kleine Zapfen
Drehösen
Sprühfarbe in Lila
Stempelfarbe in
Lila und Weiß
Stempel „Feige" und Text
Etiketten „Feige"
festes Transparentpapier
Motivkarton „Feigen"
Stanzmotiv „Löffel"
Ösen in Messing
Ösenwerkzeug
Lochzange

Vorlage Seite 106/107

Die ausgefallenen lilafarbenen Gläser können auf ganz unterschiedliche Weise verziert werden. Eine sehr winterliche Variante ist das Umwickeln der Gläser mit weichem Filz. Befestigen Sie ein an den Glasumfang angepasstes Stück Filz mit einer Kordel und hängen Sie ein Etikett daran. Das Etikett ist bestempelt und kreativ-modern ausgeschnitten.

Sehr naturnah ist die Variante mit kleinen Zapfen. Um diese zu befestigen, werden kleine Ösen von Hand eingedreht. An einem Ende einer braunen Kordel einen Knoten machen, beide Zapfen auffädeln, am anderen Ende einen weiteren Knoten machen und die Zapfen nach außen schieben. Das Ganze mit einem weiteren Stück Kordel noch einmal wiederholen. Legen Sie eine Filzkordel mehrmals um den Hals des Glases und binden Sie die beiden Kordeln mit den Zapfen mit ein. Zum Schluss wird ein Etikett aufgeklebt. Auch dieses Etikett ist bestempelt. Vorab aber wurde das Papier mit violetter Farbe besprüht und mit einem lila Stempelkissen betupft. Das eigentliche Motiv wird dann mit weißer Stempelfarbe auf das gut getrocknete Etikett gedruckt.

Für die Variante mit Feigenmotiven kopieren Sie die Fotovorlage in Farbe, schneiden die einzelnen Motive aus festem Transparentpapier und Motivpapier und lochen die einzelnen Formen am oberen Rand mittig. Die Motive übereinanderlegen, eine Öse durch die Löcher führen und mit dem Ösenwerkzeug befestigen. Wickeln Sie die graue Kordel zwei- oder dreimal um das Glas, führen Sie beide Enden durch die Löcher der ausgeschnittenen Feigen und zuletzt durch den Löffel und verknoten Sie sie.

Kürbis-Paprika-Relish
exotisch mit leichter Schärfe

Die Zwiebel und den Knoblauch abziehen und fein hacken. Die Paprika waschen, putzen und fein würfeln. Den Kürbis waschen, halbieren, Kerne und Fasern herausnehmen und in etwa 1 cm große Würfel schneiden.

Erhitzen Sie das Öl in einem Topf und dünsten Sie die Zwiebeln und den Knoblauch an. Das restliche Gemüse hinzufügen, mit Curry bestäuben und etwa 5 Minuten lang dünsten. Danach den Wein und den Essig angießen. Mit Zucker, Salz und restlichen Gewürzen abschmecken.

Lassen Sie das Relish bei mittlerer Hitze etwa 20 Minuten lang köcheln. Füllen Sie es heiß in zuvor heiß ausgespülte Gläser ab, die Sie sofort mit dem Schraubdeckel verschließen. Zum Auskühlen die Gläser auf den Kopf stellen.

Das Kürbis-Paprika-Relish hält sich im verschlossenen Glas etwa 6 Monate lang.

Die Verpackungsidee für das Kürbis-Paprika-Relish finden Sie auf Seite 52/53.

Zutaten für 3 Gläser mit Schraubverschluss à 250 ml

2 Zwiebeln
2 Knoblauchzehen
1 rote Paprikaschote
2 kleine Hokkaidokürbisse à 600 g
2 EL Rapsöl
1 EL Curry
⅛ l Weißwein
6 EL Sherryessig
1 EL Zucker
etwas Salz
¼ TL Chiliflakes
1 Msp. Cayennepfeffer

45 Min. Zubereitung

Schlichte Etiketten für das Kürbis-Paprika-Relish

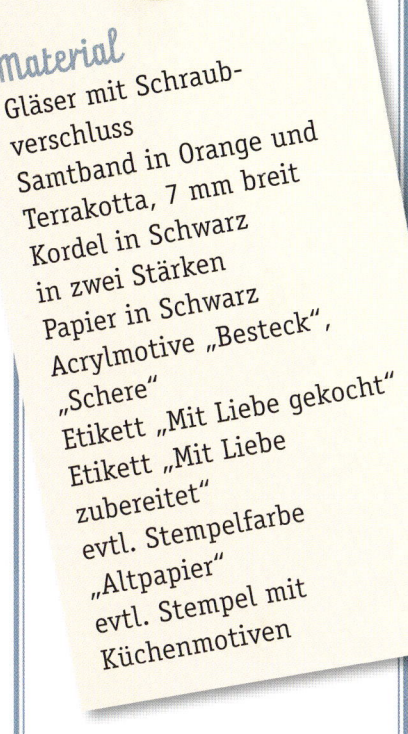

Material

Gläser mit Schraub-verschluss
Samtband in Orange und Terrakotta, 7 mm breit
Kordel in Schwarz in zwei Stärken
Papier in Schwarz
Acrylmotive „Besteck", „Schere"
Etikett „Mit Liebe gekocht"
Etikett „Mit Liebe zubereitet"
evtl. Stempelfarbe „Altpapier"
evtl. Stempel mit Küchenmotiven

Umwickeln Sie den Hals des Glases mit dem Samtband und der dickeren schwarzen Kordel. Die Enden des Samtbandes werden gekreuzt und mit der dünnen Kordel umwickelt. An den Enden der dünnen Kordel werden die beiden Motivteile befestigt.

Alternativ können Sie den Deckel des Glases auch mit einem Häubchen versehen. Schneiden Sie dazu ein passendes Quadrat aus schwarzem Papier, legen Sie es mittig auf den Deckel und drücken Sie die überstehenden Seiten nach unten. Das Häubchen wird mit einer Kordel umwickelt und so befestigt. Verknoten Sie die Kordel und befestigen Sie ein Acrylmotiv und ein Stück Samtband.

Das Etikett können Sie selber gestalten, indem Sie 100 g starkes Papier vorab mit einem Stempelkissen (Farbe Altpapier) bearbeiten und es danach mit einem Stempel bestempeln. Verwenden Sie hierfür eine fein pigmentierte Farbe, damit der Stempeldruck sich gut vom Hintergrund abhebt. Jetzt mit einem Filzschreiber beschriften und das Etikett auf das Glas kleben. Es sieht immer interessant aus, wenn das Etikett um die Ecke geklebt wird.

Kleine Snacks

Kleine kreative Köstlichkeiten
für zwischendurch kommen
immer gut an – noch dazu,
wenn sie so lecker und
auch noch gesund sind.
Da müssen Sie aufpassen,
dass noch genug zum
Verschenken übrig bleibt.

Gesunde Dinkel-Muffins, würziges Popcorn, Nussmischung mit Cranberries, Plätzchen aus Kartoffeln – das verspricht vielfältige Genüsse und bestimmt hören Sie von den Beschenkten: „Bitte mehr davon!" Also machen Sie von all den Köstlichkeiten besser gleich die doppelte Menge!

Leckere Nussmischung
für gesundes Naschen

Zuerst werden die Aprikosen gewürfelt. Dann mischen Sie alle Zutaten in einer kleinen Schüssel. Jetzt können Sie die Nussmischung in eine Tüte füllen.

Bei dunkler und trockener Lagerung ist die gut verpackte Nussmischung etwa 3 Monate lang haltbar.

Tipp: Für die Nussmischung bieten sich natürlich viele schmackhafte Varianten an. Lassen Sie dabei Ihrer Fantasie und Ihrem Geschmack – beziehungsweise dem des Beschenkten – freien Lauf! Meine Spezialmischung aus Erdnüssen, getrockneten Ananas und Kokosflakes erntete schon häufig ein besonderes Lob von den Beschenkten.

Die Verpackungsidee für die Nussmischung finden Sie auf Seite 60/61.

Zutaten für 1 Tüte

50 g getrocknete Aprikosen
30 g Pistazienkerne
40 g Walnusskerne
30 g getrocknete Cranberries

2 Min. Zubereitung

Kraftpapiertüten
vielseitig gestaltet

Material

schmale Zellophantüten
Kraftpapier
Kraftpapiertüten
Motivstanzer „Kreis mit Wellenrand", ø 5 cm
Folie in Transparent
Masking Tape in Schwarz, Silber und in Zeitungsoptik
festes Transparentpapier in Weiß
Öse in Messing
Ösenwerkzeug
Kordel in Weiß
Fineliner in Schwarz

Je nachdem, welche Mengen der Nussmischung Sie verschenken wollen, können Sie die Zellophantüten oder die Kraftpapiertüte wählen. In die Kraftpapiertüte wird mithilfe des Motivstanzers ein Fenster in die Vorderseite gestanzt, das mit Folie, auf deren Vorderseite ein Stück Masking Tape befestigt ist, hinterklebt wird. Dann füllen Sie die Nussmischung ein, falten die Öffnung nach hinten und die linke Ecke nach vorne und fixieren das Ganze mit drei verschiedenen Stückchen Masking Tape.

Die kleinen Zellophantüten sind schnell verziert: Füllen Sie die Nussmischung ein und verschließen Sie die Tüten mit etwas Tape oder einer Kordel. Um eine der Tüten wird ein Streifen Kraftpapier gelegt und mit Masking Tape zusammengehalten.

Für die andere Tüte wird ein Anhänger gebastelt: Schneiden Sie dazu einen Streifen aus festem Transparentpapier und einen etwas schmaleren Streifen aus Kraftpapier zu. Beide Streifen werden mit Masking Tape beklebt und unten wimpelförmig eingeschnitten. Legen Sie die Streifen übereinander, lochen Sie sie an einem Ende und befestigen Sie die Öse. Beschriften Sie den Anhänger nach Belieben, ziehen Sie ein Stück Kordel durch die Öse und binden Sie ihn an die Tüte.

Tipp: Sie können die Kraftpapiertüten auch mit Anhängern verzieren. Die Tüten selbst können auf unterschiedliche Weise gestaltet werden: entweder die Ecken mit einem Stanzer verzieren und die Tüte nach vorne klappen oder ein Fenster in die Tüte einarbeiten (wie oben beschrieben) oder die Tüte viermal lochen und zusammenbinden.

Pikantes Popcorn
würziger Knabberspaß

Für die Herstellung des Popcorns benötigen Sie eine große beschichtete Pfanne mit Deckel. Die Pfanne mit Öl einpinseln. Mais, Salz und Curry hineingeben und vermischen.

Die Pfanne auf mittlerer Stufe erwärmen und den Deckel auflegen. Warten Sie nun ab, bis der Mais zu springen beginnt, und nehmen Sie dann die Pfanne vom Herd.

Erst wenn das Popcorn fertig ist, also keine „Springgeräusche" mehr zu hören sind, den Deckel heben und das Popcorn in einer Schüssel abkühlen lassen.

Lagern Sie das Popcorn trocken, kühl und dunkel. Dann ist es 3–6 Monate lang haltbar.

Tipps: Lassen Sie das Popcorn nicht in der Pfanne abkühlen. Es könnte in der heißen Pfanne leicht anbrennen.

Probieren Sie auch folgende herzhafte Variante aus: Würzen Sie Ihr Popcorn mit Chiliflocken, Basilikum und Salz.

Für süßes Popcorn verwenden Sie 1 bis 2 EL Zucker. Mit der Zugabe von ¼ TL Zimt erinnert es an Weihnachten.

Die Verpackungsidee für das Popcorn finden Sie auf Seite 64/65.

Zutaten für 1–2 Personen

60 g Mais für Popcorn
1 TL Salz
1 TL Curry
Rapsöl zum Einpinseln

10 Min. Zubereitungszeit

Wimpeltüten
für das Popcorn

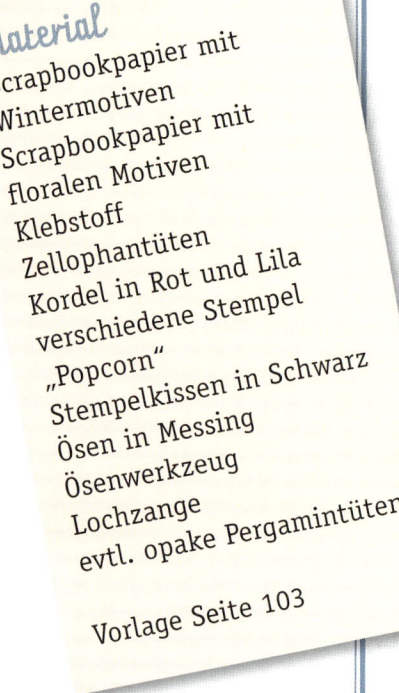

Material
Scrapbookpapier mit Wintermotiven
Scrapbookpapier mit floralen Motiven
Klebstoff
Zellophantüten
Kordel in Rot und Lila
verschiedene Stempel „Popcorn"
Stempelkissen in Schwarz
Ösen in Messing
Ösenwerkzeug
Lochzange
evtl. opake Pergamintüten

Vorlage Seite 103

Übertragen Sie zunächst die Vorlage der Schachtel auf das Scrapbookpapier und schneiden Sie die Form aus. Dann an den gestrichelten Linien falten und die Schachtel zusammenkleben. Nett sieht es aus, wenn Sie die Wimpelecken einmal von außen und einmal von innen festkleben.

Nun die Wimpelformen zuschneiden, mittig falten und bestempeln. Das Popcorn portionsweise in die Tüten füllen, die Tüten verschließen und den Wimpel oben über den Falz kleben. Nun können Sie die drei Tütchen in die Schachtel setzen.

Einzelne Tüten können Sie mit einer hübschen Wimpelgirlande verzieren. Dazu werden sechs bis sieben kleine Wimpelformen ausgeschnitten und in der Mitte gefaltet. Die Wimpel werden dann so um die Kordel geklebt, dass sie sich ggf. noch ein bisschen verschieben lassen.

Das Popcorn in die Tüte füllen und diese verschließen. In die rechte und linke Ecke der Tüte werden Löcher gestanzt, durch die die Ösen gezogen und mithilfe des Ösenwerkzeuges befestigt werden. Ziehen Sie die Kordelenden durch die Ösen und verknoten Sie sie.

Tipps: Sie können das Popcorn auch in opake Pergamintüten füllen und die Tüten mit mehreren bunten Wimpeln verzieren.

Als Kordel eignet sich gewachste Baumwolle besonders gut. Sie ist etwas steifer und unterstützt den Charakter der gezogenen Leine, an der die Wimpel hängen.

Pastinaken-Dinkel-Muffins
herzhaft und vollwertig

Die Pastinaken waschen, putzen und raspeln. Rapsöl mit Eiern, Joghurt und Apfelmus verrühren. Nun rühren Sie Dinkelmehl, Backpulver, Natron und Salz unter die Eiermasse. Heben Sie zum Schluss die gehackten Walnüsse und Pastinakenraspel unter.

Den Backofen auf 180 °C vorheizen. Setzen Sie Papierförmchen in die Vertiefungen des Muffinblechs. Den Teig auf die Mulden verteilen und mit dem Emmentaler bestreuen. Die Muffins auf mittlerer Schiene etwa 25 Minuten backen, vorsichtig aus dem Muffinblech nehmen und auskühlen lassen.

Die Muffins schmecken am besten frisch, halten sich aber in einer Dose etwa 3–4 Tage.

Tipps: Wenn Sie keine Pastinaken bekommen, können Sie auch eine Petersilienwurzel und 200 g Möhren – beides geraspelt – verwenden.

Auch ein geriebener Apfel schmeckt zusätzlich oder anstelle des Apfelmuses gut in den Muffins.

Die Verpackungsidee für die Muffins finden Sie auf Seite 70/71.

Zutaten für 12 Stück

2–3 Pastinaken
110 ml Rapsöl
2 Eier
150 g Joghurt
100 g Apfelmus
200 g Dinkelvollkornmehl
1 TL Backpulver
½ TL Natron
1 TL Salz
4 EL grob gehackte Walnüsse
50 g geriebener Emmentaler

30 Min. Zubereitung
25 Min. Backzeit

Ländliche Manschetten für die Muffins

Material

Muffinmanschetten „Eichenbordüre" und „Bordüre mit Hirschen" transparentes Fotoschutz-papier in Weiß evtl. Sticker oder Brad

Vorlage Seite 106

Schneiden Sie das Fotoschutzpapier auf die passende Größe zu. Setzen Sie einen Muffin mittig auf das Papier und biegen Sie die Ränder nach oben. Dabei entstehen automatisch ein paar Falten. Um das Fotoschutzpapier wird dann die Manschette gelegt und auf der Rückseite verschlossen. Wenn Sie wollen, können Sie den Verschluss kaschieren, indem Sie einen Sticker oder einen Brad anbringen.

Tipps: Die Manschetten lassen sich mithilfe der Grundform auf Seite 106 auch ganz leicht abwandeln. Sie können die Manschette doppellagig arbeiten, indem Sie die Grundform zweimal ausschneiden und bei einer Manschette den oberen Rand zurückschneiden. Wenn Sie für eine der Manschettenformen Transparentpapier verwenden, ergibt das sehr edle Effekte.

Alternativ können die Ränder auch mit einer Konturenschere oder einem Bordürenstanzer verziert werden. Denken Sie aber immer daran, das Fotoschutzpapier zu verwenden, damit die Manschette nicht durchfettet.

Wenn kein Fotoschutzpapier zur Hand ist, können Sie auch weiße plissierte Papiermanschetten verwenden.

Kartoffel-Käse-Plätzchen

Taler zum Anbeißen

Die Kartoffel als Folienkartoffel zubereiten. Um die Backzeit zu verkürzen, garen Sie die Kartoffel zuerst 5 Minuten lang in der Mikrowelle, verpacken sie dann in Alufolie und garen sie weitere 30 Minuten bei 200 °C im Backofen. (Es empfiehlt sich, gleich mehrere Folienkartoffeln als eigenständiges Gericht zuzubereiten.)

Die gegarte Folienkartoffel pellen, durch eine Kartoffelpresse drücken und 100 g abwiegen. Die Kartoffelmasse auskühlen lassen und zusammen mit Mehl, Salz und Gewürzen in eine Schüssel geben. Geben Sie die Butter in Flöckchen dazu und formen Sie unter Beimengung von Parmesankäse und Gouda eine feste Teigmasse. Rollen Sie diese zu einer Teigrolle mit etwa 4 cm Durchmesser. Diese in Frischhaltefolie einpacken und mindestens 1 Stunde lang kalt stellen.

Den Backofen auf 180 °C vorheizen. Milch und Eigelb verquirlen und die Teigrolle damit bestreichen. Wälzen Sie die Teigrolle in Mohn und schneiden Sie sie anschließend in 0,5 cm dicke Taler. Diese auf ein mit Backpapier ausgelegtes Blech legen und etwa 15 Minuten goldgelb backen. Lassen Sie die Taler nach dem Backen auf einem Rost auskühlen.

Die Kartoffel-Käse-Plätzchen sind in einer Dose 2 Monate dunkel und trocken lagerbar.

Die Verpackungsidee für die Kartoffel-Käse-Plätzchen finden Sie auf Seite 74/75.

Zutaten für 40 Stück

1 Kartoffel (200 g)
80 g Weizenmehl Type 405
1 TL Salz
½ TL Cayennepfeffer
1 TL gemahlener Kreuzkümmel
frisch gemahlener schwarzer Pfeffer
150 g Butter
75 g frisch geriebener Parmesan
75 g frisch geriebener Gouda
2 EL Milch
1 Eigelb
2 EL Mohn

30 Min. Zubereitung (plus 60 Min. Kühlzeit)
15 Min. Backzeit

Päckchen und Becher für die Kartoffel- Käse-Plätzchen

Material

Coffe-to-go-Becher aus Porzellan
Papierservietten in Tauben- blau mit Prägemuster
Epoxy-Sticker „Alphabet" in Taubenblau
transparentes Fotoschutz- papier in Weiß
Masking Tape in Weiß-Türkis gestreift
doppelseitiges Klebeband
evtl. schmale Zellophan- tüten

Wenn Sie eine größere Menge Kartoffel-Käse-Plätzchen verschenken möch- ten, wählen Sie die Verpackung im Becher, bei kleinen Mengen sind die gefalteten Serviettenpakete ideal.

Für die kleinen Pakete viertln Sie eine Serviette und schneiden passend dazu das Fotoschutzpapier quadratisch zu. Serviette und Papier werden übereinandergelegt und mittig die gewünschte Anzahl Plätzchen eingelegt. Falten Sie die untere Ecke nach oben, die rechte Ecke nach links, die linke Ecke nach rechts und die obere Ecke nach unten. Um das Paket zu verschlie- ßen, wird ein Sticker aufgeklebt. Das Fotopapier verhindert, dass das Fett der Plätzchen durchschlägt.

Der Porzellanbecher wird mit einer Serviette umwickelt. Schneiden Sie die Serviette streifenförmig zu. Der Streifen wird etwas versetzt um den Becher gelegt und mit einem Sticker befestigt. Um dem Ganzen mehr Halt zu ge- ben, können Sie die Serviette zusätzlich mit doppelseitigem Klebeband fixieren. Das Innere des Bechers wird mit Fotopa- pier ausgekleidet und mit etwas Masking Tape fixiert. Alterna- tiv können Sie die Plätzchen in schmale Zellophantüten füllen.

Tipps: Das Falten können Sie zunächst mit einem Stück Papier von der Küchenrolle ausprobieren. Das ist sinnvoll, da die Plätz- chen immer unterschiedlich groß ausfallen können.

Bei der Serviette sollten Sie darauf achten, dass sie durchgeprägt ist. Das vereinfacht das Falten, da durch die Prägung die Papier- lagen zusammenbleiben.

Sauerkraut-Apfel-Piroggen
herzhaftes Gebäck

Geben Sie die Zutaten für den Teig in eine Schüssel. Alles mit den Knethaken einer Küchenmaschine zu einem geschmeidigen Teig kneten und an einem warmen Ort gehen lassen, bis sich das Volumen verdoppelt hat.

Inzwischen die Äpfel schälen und raspeln. Zusammen mit Sauerkraut und Apfelsaft in einen Topf geben und einmal aufkochen. Mit Calvados, Zucker und Salz abschmecken. Heben Sie die gehackten Haselnüsse unter.

Heizen Sie den Backofen auf 200 °C vor. Den Teig 1 cm dick ausrollen und mit einem runden Glas (Durchmesser ca. 12 cm) Kreise ausstechen. Das Ei trennen und mit dem Eiweiß die Ränder der Kreise bestreichen.

Setzen Sie mit einem Esslöffel die Füllung mittig auf die Teigkreise, klappen Sie die Teigkreise hälftig zusammen und drücken Sie mit einer Gabel den Rand fest. Die Teigtaschen auf ein mit Backpapier ausgelegtes Blech legen. Eigelb mit Milch verquirlen und die Piroggen damit bestreichen. Auf mittlerer Schiene etwa 20 Minuten backen.

Die Piroggen schmecken am besten frisch und sind etwa 3 Tage in einer Dose haltbar.

Die Verpackungsidee für die Sauerkraut-Piroggen finden Sie auf Seite 78/79.

Zutaten für 10 Stück

Für den Teig
250 g Weizenmehl Type 1050
1 TL Trockenhefe
1 TL Salz
1 TL Zucker
20 g Butter
150 ml Wasser

Für die Füllung
2 Äpfel
250 g Sauerkraut
5 EL Apfelsaft
2 EL Calvados
1 EL Zucker
¼ TL Salz
4 EL gehackte Haselnüsse
1 Ei
2 EL Milch

60 Min. Zubereitung
(plus 30 Min. Gehzeit)
20 Min. Backzeit

Zeitungspapier-Tüten
für die Piroggen

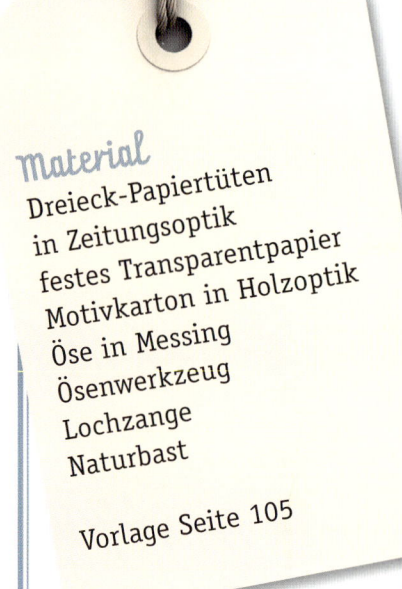

Material

Dreieck-Papiertüten
in Zeitungsoptik
festes Transparentpapier
Motivkarton in Holzoptik
Öse in Messing
Ösenwerkzeug
Lochzange
Naturbast

Vorlage Seite 105

Füllen Sie die Piroggen in die Tüte, falten Sie die offene Seite einmal nach unten, sodass die Tütenöffnung komplett geschlossen ist, und klappen Sie die links überstehende Spitze nach hinten um.

Dann wird ein Loch in die linke obere Ecke gestanzt, die Öse durchgezogen und befestigt. Damit ist die Tüte verschlossen und muss nicht extra zugeklebt werden.

Übertragen Sie die Vorlage für die Brettchen auf festes Transparentpapier und Motivkarton mit Holzoptik und schneiden Sie die Motive aus. Die Löcher werden mit einer Lochzange ausgestanzt. Den Naturbast durch die Ösen der Papiertüten ziehen und die Brettchen anknoten. Sie können wahlweise ein Brettchen oder zwei – eines aus Transparentpapier und eines aus Motivkarton – anknoten.

Tipps: Die Tüten können Sie ganz leicht selbst machen: Falten Sie einfach ein A4-Blatt in der Diagonalen, sodass ein Dreieck entsteht, an dessen Seite ein Streifen übersteht. Kürzen Sie den Streifen bis auf ca. 2 cm, klappen Sie ihn um und kleben Sie ihn auf der Innenseite fest (am besten mit doppelseitigem Klebeband). Diese Tüte können Sie aus jedem Papier falten, es sollte nur nicht zu dick sein. Für unseren Zweck ist es auch sinnvoll, beim Falten und vor dem Zusammenkleben ein zweites fettundurchlässiges Papier einzuarbeiten.

Man kann ganz viele Varianten des Zusammenfaltens ausprobieren und immer wieder neue und interessante Formen finden. Alle Tüten zusammen ergeben dann auch ein reizvolles Geschenk.

Das Transparentpapier der Etiketten lässt sich am besten mit Permanentmarkern oder -stempelfarbe beschriften.

Gesundes mit Wintergemüse

Der Winter bietet eine ganze Reihe von herzhaft-schmackhaften Gemüsesorten, die teilweise schon fast in Vergessenheit geraten sind – ganz zu Unrecht. Lassen Sie sich von den gesunden Wintergenüssen inspirieren und schmecken Sie selbst!

Pastinaken, Rote Bete, Rosenkohl & Co. sind ideale Energielieferanten für die kalte Jahreszeit und es wäre zu schade, sie nur selbst zu essen. Genießen und verschenken Sie den feinen Geschmack von Wintergemüse und kommen Sie gaumenverwöhnt durch den Winter!

Rote Bete im Glas mit Koriander

Die Rote-Bete-Knollen waschen und ungeschält mit leicht gesalzenem Wasser bedeckt in einem Topf etwa 30 bis 40 Minuten garen. Rote Bete ist gar, wenn die Spitze eines scharfen Messers leicht eindringt.

Inzwischen ziehen Sie die Zwiebel ab und schneiden sie in Streifen. Den Knoblauch abziehen und in Scheibchen schneiden. Die drei Essigsorten mit dem Rübensirup und der Zimtstange unter Rühren aufkochen.

Die Rote-Bete-Knollen abgießen, leicht abkühlen lassen, die Haut abziehen und die Knollen in mundgerechte Scheiben schneiden. Zusammen mit Zwiebel und Knoblauch in den Essigsud geben, Koriander und Salz hinzufügen und alles einmal aufkochen lassen.

Füllen Sie mit einer Schaumkelle die Rote-Bete-Stückchen in Weckgläser und gießen Sie sie mit dem Essigsud auf. Die in heißem Wasser erwärmten Gummiringe auf die Weckglasränder legen, die Deckel daraufsetzen und mit den Einmachklammern verschließen. Am nächsten Tag die Klammern lösen. Die Deckel sollten dann fest auf den Gläsern sitzen.

Wenn Sie die Gläser dunkel im Keller lagern, ist die Rote Bete etwa 3 Monate haltbar.

Tipp: Selbst einwecken: Den Backofen auf 180 °C vorheizen. In eine Fettpfanne Wasser füllen, die mit Gummiring, Deckeln und Klammern verschlossenen Weckgläser hineinstellen und solange im Backofen einwecken, bis die Flüssigkeit in den Weckgläsern siedet. Dann den Backofen abstellen und die Gläser darin auskühlen lassen.

Die Verpackungsidee für die Rote Bete im Glas finden Sie auf Seite 86/87.

Zutaten für 3 Gläser à 500 ml

- 1 kg Rote Bete
- 2 Zwiebeln
- 2 Knoblauchzehen
- 300 ml Weißweinessig
- 200 ml Apfelessig
- 100 ml Aceto Balsamico
- 80 g Rübensirup
- 1 Zimtstange
- 1 TL Koriandersamen
- 1 TL Salz

60 Min. Zubereitung

Windlichtmanschetten
für die Rote Bete

Die Transparentpapierbordüre kann entweder fertig gekauft oder mithilfe der Vorlage ausgeschnitten und mit einem Bordürenstanzer gestaltet werden. Die beiden Schlitze werden mit einem Cutter ausgeschnitten.

Die beiden Teile des Winterwaldes werden so aufeinandergeklebt, dass die Bäume des hinteren Teiles die des vorderen überragen. Dann werden die Schlitze des Transparentpapierstreifen in die Schlitze des Winterwald-Teiles geschoben. Gegebenenfalls können die Schlitze des Winterwaldes nachgeschnitten werden, falls sie sich beim Zusammenkleben verschoben haben.

Nun wird das Motiv seitlich zusammengedrückt, sodass sich die Transparentpapierbordüre wölbt. So entsteht ein Ring, der über das Einmachglas gestülpt werden kann. Auf dem Deckel des Einmachglases wird ein Teelicht befestigt (am besten mit doppelseitiger Klebefolie oder Klebeknete).

Wenn das Glas leer (und ausgewaschen) ist, kann das Teelicht in das Glas gestellt werden. Auf diese Weise entsteht ein hübsches Windlicht.

Material

Transparentbordüre mit Wintermotiven
Papierbordüre „Winterwald"
evtl. Fotokarton in Braun oder Schwarz
evtl. Scrapbookpapier mit verschiedenen Mustern und Farben
evtl. festes Transparentpapier in Weiß
evtl. Bordürenstanzer
Cutter und geeignete Schneideunterlage
Teelichter in verschiedenen Farben
doppelseitige Klebefolie oder Klebeknete

Vorlage Seite 107

Rosenkohl

mit Walnüssen und Cranberries

Den Rosenkohl waschen, putzen und die Strünke über Kreuz einritzen. Bringen Sie wenig leicht gesalzenes Wasser zum Kochen und lassen Sie den Rosenkohl darin etwa 10 Minuten lang dünsten.

Inzwischen die Walnusskerne und Cranberries fein hacken. Den Rosenkohl abgießen und abtropfen lassen.

Die Butter in einem Topf schmelzen, Walnüsse, Cranberries und Rosenkohl hinzufügen. Den Zucker darüberstreuen und etwas karamellisieren lassen. Löschen Sie mit Wasser und Essig ab. 1 TL Salz hinzufügen und alles einmal aufkochen lassen.

Füllen Sie den Rosenkohl mit Sud nun sofort in die Weckgläser. Die in heißem Wasser erwärmten Gummiringe auf die Weckglasränder legen, die Deckel daraufsetzen und mit den Einmachklammern verschließen. Am nächsten Tag die Klammern lösen. Die Deckel sollten dann fest auf den Gläsern sitzen.

Die Haltbarkeit für den Rosenkohl im Weckglas beträgt bei dunkler Lagerung im Keller etwa 3 Monate.

Die Verpackungsidee zum Rosenkohl finden Sie auf Seite 90/91.

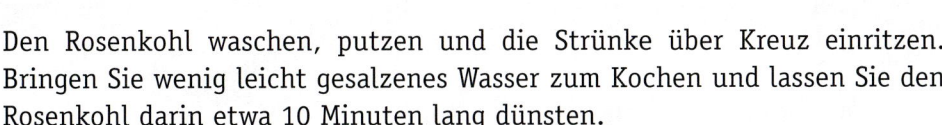

Zutaten für 3 Weckgläser à 500 ml

1 kg Rosenkohl
Salz
50 g Walnusskerne
50 g getrocknete Cranberries
20 g Butter
2 EL Zucker
750 ml Wasser
100 ml Aceto Balsamico

60 Min. Zubereitung

Strickmanschetten
für den Rosenkohl

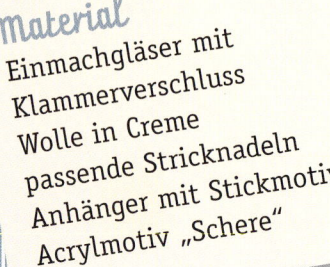

Material
Einmachgläser mit
Klammerverschluss
Wolle in Creme
passende Stricknadeln
Anhänger mit Stickmotiv
Acrylmotiv „Schere"

Diese Verpackung ist etwas für geübte Strickerinnen. Vor allem ist sie abhängig von der Form des Glases und der Stärke der Wolle.

Die einfachere Variante ist der Schal, der in der Höhe des Glases gestrickt wird. Messen Sie den Umfang des Glases aus und stricken Sie einen Schal in dieser Länge. Nähen Sie ihn zusammen – und fertig ist das einfache Strickkleid für Weckgläser.

Bei der aufwendigeren Variante ist darauf zu achten, dass Sie der Wölbung des Glases entsprechend Maschen zu- und dann wieder abnehmen. So erhalten Sie ein genau passendes Strickkleid.

Mit einem Stück Wollfaden können Sie zum Abschluss die runden Etiketten festknoten und eine kleine Schleife binden. Nach Wunsch können Sie auch eine kleine Acrylschere mit einbinden.

Tipp: Nett sieht es auch aus, wenn Sie etwas Wolle auf ein kleines Nähgarnkärtchen wickeln und dazulegen.

Kleine Warenkunde
Wintergemüse

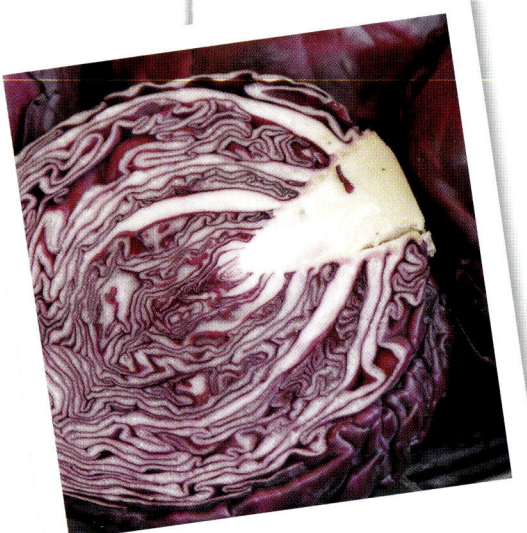

Rotkohl

Pastinake

Im römischen Reich gehörte die süßlich schmeckende Pastinake zu den wichtigsten Wurzelgemüsen. Bis Mitte des 18. Jahrhunderts wurde sie in Österreich und Deutschland gerne angebaut, da die Rübe besonders beständig gegen Krankheiten und Schädlinge war. Erst mit der Einführung der Kartoffel und der Karotte verlor die Pastinake an Bedeutung.

Rosenkohl

Rotkohl

Der Rotkohl gehört zu den Kohlgemüsearten. Je nach dem pH-Wert des Bodens variiert die Blattfärbung zwischen Rot und Blau. Das ist auch die Erklärung dafür, warum der Rotkohl in verschiedenen Regionen auch „Rotkraut" oder „Blaukraut" genannt wird.

Pastinake

Rosenkohl

Der Rosenkohl wächst bevorzugt auf einem sandigen Lehmboden. Die im Handel erhältlichen Röschen wachsen spiralförmig an dem etwa 70 cm hohen Stängel. Geerntet wird zwischen November und Dezember.

Blumenkohl

Beim Blumenkohl werden – anders als zum Beispiel beim Rotkohl – nicht die Blätter, sondern die Blütensprossen gegessen. Der ursprünglich aus Kleinasien stammende Blumenkohl wurde von den Seefahrern über Italien nach Europa gebracht und erfreut sich heute auf der ganzen Welt großer Beliebtheit.

Blumenkohl

Wirsing

Wirsing ist ein Kohlgemüse, doch im Gegensatz zu Rot- und Weißkraut sehr gut verträglich.

Wirsing

Lauch

Lauch

Schon im alten Ägypten wurde Lauch verzehrt. Er soll beim Pyramidenbau den Arbeitern als Nahrungsmittel gedient haben. Früher wurde er vor allem als „Porree" bezeichnet, inzwischen hat sich die süddeutsche Bezeichnung Lauch durchgesetzt.

Petersilienwurzel

Petersilienwurzel

Die Rübe der Petersilienwurzel ähnelt der der Pastinake sehr, ist jedoch etwas dünner und etwas kräftiger im Geschmack. Ungewaschen und in feuchtem Sand gelagert hält die Petersilienwurzel – oder auch Wurzelpetersilie – bis zu sechs Monaten.

marinierte Wirsingröllchen
asiatisch würzig

Die Wirsingblätter vom Kopf lösen und waschen. Lassen Sie sie danach in einem Sieb gut abtropfen. Die Gemüsebrühe aufkochen und die Kohlblätter darin für etwa 10 Minuten dünsten. Nehmen Sie anschließend die Wirsingblätter aus dem Topf und lassen Sie sie erneut in einem Sieb abtropfen.

Inzwischen den Knoblauch abziehen und fein hacken. Den Ingwer schälen und fein hacken. Beides mit Frischkäse und Curry zu einer homogenen Paste verrühren.

Schneiden Sie bei den Kohlblättern die festen Mittelrippen flach. Je ein Blatt auf die Arbeitsfläche legen und mit der Frischkäsepaste bestreichen. Ein weiteres Wirsingblatt darauflegen und fest aufrollen. Die Rollen in 4 cm breite Streifen schneiden. Stellen Sie nun die Wirsingröllchen nebeneinander in ein Glas.

Für die Marinade Weißweinessig, Öl, Zucker, Sojasauce und Tabasco in einen Topf geben und aufkochen. Rühren Sie um, bis der Zucker sich auflöst. Die Marinade heiß über die Wirsingröllchen geben. Danach die Gläser fest verschließen. Sobald die Gläser ausgekühlt sind, werden sie im Kühlschrank gelagert.

Die marinierten Wirsingröllchen sind etwa 1 Monat im Kühlschrank haltbar.

Die Verpackungsidee für die marinierten Wirsingröllchen finden Sie auf Seite 96/97.

Zutaten für 3 Gläser à 250 ml

1 Wirsingkopf (800 g)
¼ l Gemüsebrühe
2 Knoblauchzehen
20 g Ingwerknolle
200 g Doppelrahm-Frischkäse
1 EL Curry
180 ml Weißweinessig
80 ml Rapsöl
5 EL Zucker
2 EL Sojasauce
1 TL Tabasco

45 Min. Zubereitung

Schachtel mit Siegel für die Wirsingröllchen

Material

Einmachglas mit
Klammerverschluss
Kordel in Rot-Weiß
Siegelwachs in Dunkelrot
Siegelstempel „Lecker"
Schachtel in Taubenblau
Füllmaterial

Wickeln Sie zunächst die Kordel um das Glas und verknoten Sie sie. Tragen Sie Siegelwachs auf und drücken Sie den Siegelstempel in das noch heiße Wachs. Jetzt setzen Sie das Glas in eine schöne Schachtel und füllen den Zwischenraum mit farblich abgestimmtem geschredderten Papier aus. Es sieht nett aus, wenn Sie den Deckel so aufsetzen, dass noch ein paar Papierschnipsel rausschauen.

Um die fertige Schachtel binden Sie wiederum eine Kordel und verschließen auch diese mit einem Siegel.

Tipp: Ein Siegel verschließt etwas so, dass es nicht mehr geöffnet werden kann, ohne das Siegel zu zerstören. Aus diesem Grund habe ich die Kordel so geschnürt, wie früher die Pakete verpackt wurden.

Würzige Rüben in Senf-Essig-Dressing

Alle Rüben waschen, schälen und in Stifte von etwa 0,5 cm Dicke und 3 cm Länge schneiden. Erhitzen Sie 1 EL Rapsöl in einem Topf, geben Sie die Wurzeln dazu und gießen Sie 100 ml leicht gesalzenes Wasser an. Garen Sie das Gemüse in etwa 10 Minuten bissfest und lassen Sie es anschließend auf einem Sieb abtropfen.

Aus dem restlichen Rapsöl, Walnussessig, Senf, Salz und Pfeffer eine Marinade herstellen. Die Wurzelgemüse in der Marinade mindestens eine Stunde durchziehen lassen. Füllen Sie das Gemüse samt Marinade entweder in ein großes Glas oder in mehrere kleine Portionsweckgläser und verwenden Sie die Schnittlauchröllchen zur Garnierung.

Die Rüben in Senf-Essig-Dressing sind im Kühlschrank etwa 2 Tage haltbar.

Tipp: Wenn Sie viel Salatsoße wollen, machen Sie vom Dressing einfach das doppelte Rezept. Sie können das Dressing aber auch abändern, indem Sie zusätzlich 150 g Naturjoghurt hinzugeben. Mit Wasser sollte man Salatsoßen nicht strecken, das verwässert den Geschmack.

Die Verpackungsidee für die eingelegten Rüben finden Sie auf Seite 100/101.

Zutaten für 4 Personen

2 Winterrübchen
1 Steckrübe
2 Möhren
1 Pastinake
6 EL Rapsöl
4 EL Walnussessig
2 TL mittelscharfer Senf
Salz
weißer Pfeffer
4 EL Schnittlauchröllchen

40 Min. Zubereitung

Soup-to-go-Becher
für die eingelegten Rüben

Material
Soup-to-go-Becher in Weiß
kleine Tortenspitze
Porzellanmotive in Weiß
wellenförmiges Webband
in Grau, 7 mm breit
Masking Tape in Weiß-Grau
gepunktet, 1,5 cm breit
Motivband mit
Alpenmotiven, 2 cm breit
Samtband in Grau,
1,5 cm breit
kleine Schellen in Silber
Nadel und Faden
Kordel mit Silberfäden
doppelseitiges Klebeband
Lochzange

Ein Soup-to-go-Becher ist ein stabiles Einweggeschirr aus Pappe, das sich gut zum Verpacken von Essbarem eignet. In diesem Fall wurden die Deckel auf verschiedene Weise gestaltet, der Becher selbst ist ganz schlicht gehalten.

Für die Variante mit Porzellananhängern wird der Deckel mit einer kleinen Tortenspitze beklebt. Verwenden Sie am besten doppelseitiges Klebeband, da Flüssigkleber bei dünnem Papier oft durchschlägt. Stanzen Sie mit einer Lochzange drei kleine Löcher in den Deckelrand. Die Porzellanmotive mit einem Stück Kordel an die Löcher hängen. Um die Löcher zu kaschieren, wird abschließend ein wellenförmiges Webband um den Rand geklebt.

Der Becher mit Alpenmotiven wird zuerst mit einer Tortenspitze verziert (möglichst doppelseitiges Klebeband verwenden). Der Deckelrand wird mit Masking Tape beklebt. Zum Schluss wird das Band mit den Alpenmotiven an die untere Kante des Deckelrandes geklebt, sodass die Motive überstehen.

Der Becher mit kleinen Schellen wird mithilfe von doppelseitigem Klebeband mit einer Tortenspitze verziert. Den Deckelrand mit einem Samtband bekleben, an dessen untere Kante viele kleine Schellen genäht werden. Auch beim Befestigen von Bändern empfiehlt es sich, doppelseitiges Klebeband zu verwenden, da Flüssigklebstoff schnell durchschlägt. Zum Schluss wird die Kordel mit Silberfäden um den Deckel gewickelt.

Tipp: Wenn Sie Ihr Geschenk nicht direkt in den Soup-to-go Becher abfüllen möchten, dann stellen Sie ein befülltes Glas in den Becher. Die Zwischenräume können mit farblich abgestimmtem geschreddertem Papier ausgefüllt werden.

Vorlagen

Winterlicher Gläserschmuck
Seite 14/15

Rustikale Verpackung
Seite 18/19

Edle Steinguttöpfe
Seite 36/37

Kleine Schälchen
Seite 24/25
Die Vorlage auf 166 %
vergrößern

Wimpeltüten
Seite 64/65
Die Vorlage auf 166 % vergrößern

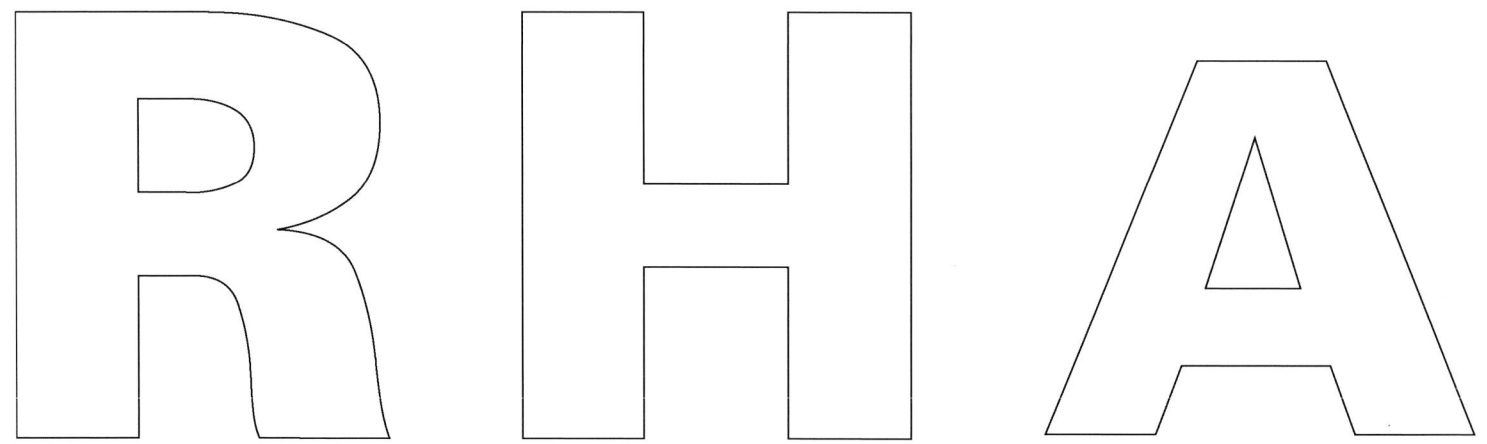

Raffinierte Schachteln

Seite 40/41

Die Vorlage auf 140 % vergrößern

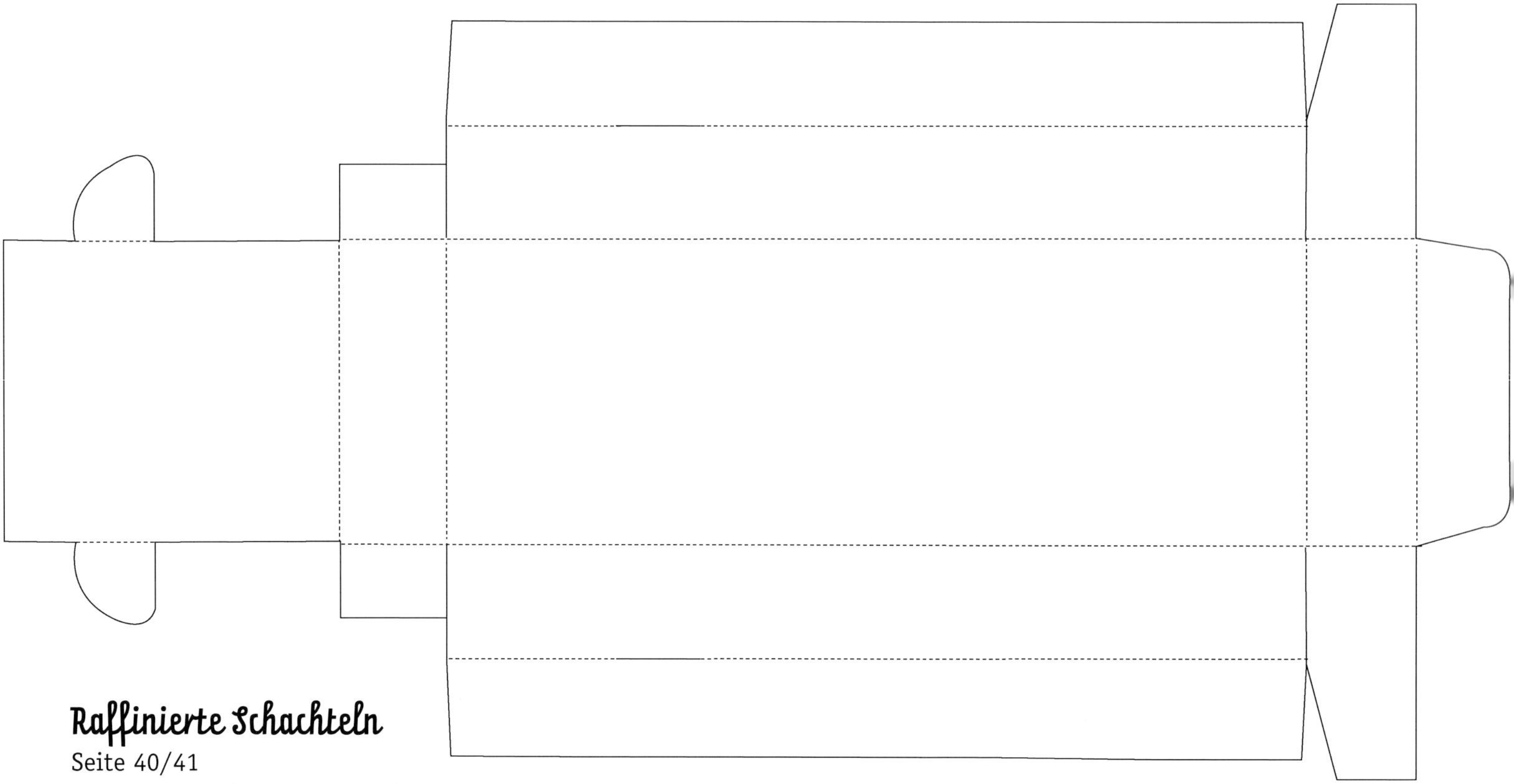

Raffinierte Schachteln

Seite 40/41

Die Vorlage auf 200 % vergrößern

Schürzen-Etiketten
Seite 44/45
Die Vorlage auf 140 % vergrößern

Zeitungspapier-Tüten
Seite 78/79
Die Vorlage auf 140 % vergrößern

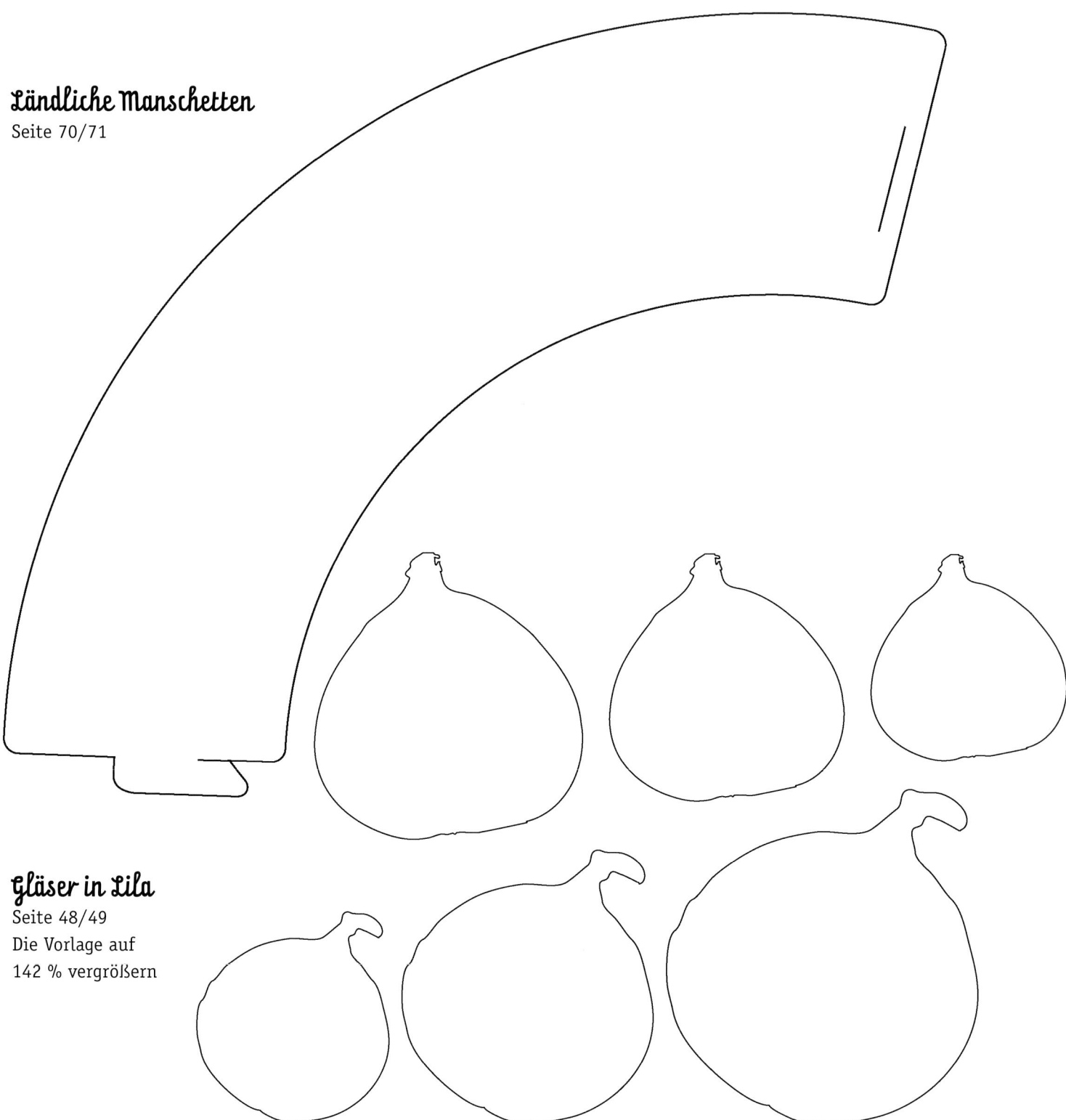

Ländliche Manschetten
Seite 70/71

Gläser in Lila
Seite 48/49
Die Vorlage auf
142 % vergrößern

Gläser in Lila
Seite 48/49

Windlichtmanschetten
Seite 86/87
Die Vorlage auf 142 % vergrößern

Die kreative Manufaktur
Selbermachen. Genießen. Verschenken.

Bücher aus der kreativen Manufaktur

TOPP 5900
978-3-7724-5900-9

TOPP 5901
978-3-7724-5901-6

TOPP 5902
978-3-7724-5902-3

TOPP 5903
978-3-7724-5903-0

TOPP 5904
978-3-7724-5904-7

In der kreativen Manufaktur entsteht
Einmaliges und Unverwechselbares.
Hier werden schöne Dinge noch mit
Liebe und Leidenschaft von Hand
gefertigt und mit Sorgfalt verpackt.

Die Welt der kreativen Manufaktur
umfasst liebevoll gestaltete Bücher
und ein umfangreiches Produktsorti-
ment zum Thema „Schenken und
Verpacken".

TOPP 5905
978-3-7724-5905-4

TOPP 5906
978-3-7724-5906-1

Schenken und Verpacken

mit der kreativen Manufaktur

Im Design der kreativen Manufaktur gibt es auch Etiketten, Geschenkanhänger, Dosen, Schachteln und vieles mehr. Sie sind über den gut sortierten Buchhandel oder www.kreative-manufaktur.de erhältlich.

Schleifenbänder
Art. Nr. 9121
€ (D) 4,99/€ (A) 5,10

Geschenkanhänger
Art. Nr. 9117
€ (D) 3,99/€ (A) 4,10

Etiketten
Art. Nr. 9119
€ (D) 1,99/€ (A) 2,10

Geschenktüten mit Etiketten
Art. Nr. 9127
€ (D) 4,99/€ (A) 5,10

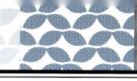

8 Geschenkschachteln
Art. Nr. 9125
€ (D) 7,99/€ (A) 8,10

2 Dosen
Art. Nr. 9133
€ (D) 7,99/€ (A) 8,10

Geschenkanhänger
Art. Nr. 19420
€ (D) 3,99/€ (A) 4,10

Masking Tape
Art. Nr. 9123
€ (D) 7,99/€ (A) 8,10

Etiketten
Art. Nr. 19422
€ (D) 1,99/€ (A) 2,10

Baker´s Twine in Gelb, Rot oder Grün
Art. Nr. 19426 / 19441 / 19442
jeweils € (D) 9,99/€ (A) 10,30

Die Autorinnen

Anne Iburg

Alexandra Renke

Anne Iburg

Anne Iburg ist Autorin mehrerer Kochbücher und Ernährungsratgeber. Sie studierte an der Universität Bonn Oecotrophologie und arbeitete in einem Kochstudio und in einem Ratgeberverlag, bevor sie sich vor mehr als zehn Jahren selbständig machte. Heute lebt sie mit ihrer Familie in Kaiserslautern und kocht und backt für ihr Leben gerne.

Alexandra Renke

Papier ist das Material, das Alexandra Renke seit ihrer Kindheit begeistert. Ihr Studium finanzierte sie sich mit dem Verpacken von Geschenken. In dieser Zeit reifte die Idee, professionell Weihnachtskarten zu entwickeln, zu produzieren und zu vermarkten. Mittlerweile entwickelt sie mit ihrem Team nicht nur Weihnachtskarten, sondern auch Grußkarten, Stempel und schöne Artikel aus Papier, Stoff und Acryl. Ihre Karten sind in gut sortierten Papeterien und Buchhandlungen erhältlich, ihre Stempel, Bänder und Stoffe sowie ihre klassische Auswahl an Perlen vertreibt Alexandra Renke über dawanda. (www.alexandra-renke.de).
Wichtig ist Alexandra Renke die Tatsache, dass sie mit ihrer Arbeit verschiedene Spendenorganisationen unterstützt, insbesondere die Welthungerhilfe der Vereinten Nationen. Hier fördert sie im Speziellen die Aktion „Fill the Cup".

Impressum

Rezeptentwicklung: Anne Iburg
Verpackungsmodelle: Alexandra Renke

Fotos: frechverlag GmbH, 70499 Stuttgart; Fotolia: 12frames (S. 56, o.l.), Andre Bonn (S. 11, u.m.), Andrea Tanja (S. 92, m.), Corinna Gissemann (S. 82, o.l.), Daniel Loretto (S. 11, o.r.), Doris Heinrichs (S. 82, u.r.), Elenathewise (S. 56, o.m., S. 57, o.l.), ElinaManninen (S. 32, o.l.), Esther Hildebrandt (S. 10, o.l.), Fotoscorp (S. 33, u.r.), Fotovision (S. 93, o.r.), Heike Rau (S. 93, u.m.), Ideenkoch (S. 99, u.), Jiri Hera (S. 58, u.l.), Kristina rütten (S. 33, o.l., S. 42, u., S. 92, l.), Littyusa (S. 33, u.l.), Matka_Wariatka (S. 93, o.l.), Mythja (S. 83, o.l.), Nadezda Verbenko (S. 58, u.r.), Natalia Larina (S. 22, u.r., 56, u.r.), Norbert Wilhelmi (S. 33, u.m.), Pixelot (S. 57, u.m.), Sarsmis (S. 93, o.m.), Sebastian Duda (S. 46, o.), Stillkost (S. 10, u.r., S. 26, u., S. 99, o.), Unpict (S. 89, o., S. 92, r.), Victoria p. (S. 83, u.r.); Alexandra Renke (S. 107); T. W. Klein (Foto Anne Iburg S. 112); lichtpunkt, Michael Ruder, Stuttgart (alle übrigen)

Reihenkonzept: Katrin Hartmann
Produktmanagement: Katrin Hartmann
Lektorat und Texte: Annette Gerstenkorn, Bochum
Markendesign und Layout: N I T R I B I T T Kommunikation & Design, Thomas Detlaf, Kischa Scheibe, Marco Schenck, www.nitribitt.com
Satz: elektrolyten, Petra Schmidt, München, www.elektrolyten.de

Druck und Bindung: Neografia, Slowakei

Hilfestellung zu allen Fragen, die Materialien und Kreativbücher betreffen: Frau Erika Noll berät Sie. Rufen Sie an: 05052/911858 (normale Telefongebühren)

1. Auflage 2012
© 2012 frechverlag GmbH, 70499 Stuttgart

ISBN 978-3-7724-5907-8
Best.-Nr. 5907